培養口說能力的日語教科書

こんにちは 你好 2 練習冊

國中小學
高中職　適用的第二外語教材
社區大學

東吳大學日文系
陳淑娟教授　著

給同學們的話

親愛的同學們：

歡迎進到日語教室來！會說日語、能交個日本朋友、自己能用日語上網，是不是很酷呢？對的！這就是我們共同的目標！啟用這本新書，好好跟著老師學習，在教室中與同學們一起用日語進行各式各樣的活動，那麼第二個學期就可以更上一層樓了！

首先，請仔細瞧瞧，每一課都有「學習目標」與「自我評量」（在《課本》裡），上課前同學們先瞄一下「學習目標」，就知道這一課到底要學什麼了。而上完了一課，大家就要誠實做做「自我評量」喔，也就是為自己打個分數，累積越多 5 顆星（滿分），那麼你就能越快輕鬆達標了！萬一，有些項目未達 5 顆星，沒關係，可以自己再練習，或課後找同伴互動練習，直到滿分為止。

在這一冊裡，我們將學會用日文打字、上網，搜尋日本姊妹校的資訊，比較學校生活、社團等，與姊妹校朋友交流時，能用簡單的日語介紹台灣菜、台灣特色，與日本人互動，也能學會用日語表達再連絡，並互寄信函、禮物、簡訊等，目標在能交到一位日本朋友。

但是，同學們在課堂中一定要跟著做各種互動的學習活動，才能越說越熟練。而且如果每天聽CD，跟著唸，發音就跟日本人一模一樣了；寫作業時，一邊寫一邊唸出聲音來，能用出來的日文就越來越多了，相信半年後，你就更厲害了，同學們！一起加油囉！

陳依如 敬言

2018.12.19.

目次

給同學的話……………………………………2

Unit 1　S 校(こう)はどんな学校(がっこう)ですか……………………4

Unit 2　クラブ活動(かつどう)……………………………………8

Unit 3　学校生活(がっこうせいかつ)……………………………………12

Unit 4　学校案内(がっこうあんない)……………………………………19

Unit 5　台湾(たいわん)の料理(りょうり)……………………………………23

Unit 6　交流会(こうりゅうかい)……………………………………28

Unit 7　授業体験(じゅぎょうたいけん)……………………………………34

Unit 8　連絡(れんらく)しよう……………………………………40

Unit 1

S校(こう)はどんな学校(がっこう)ですか

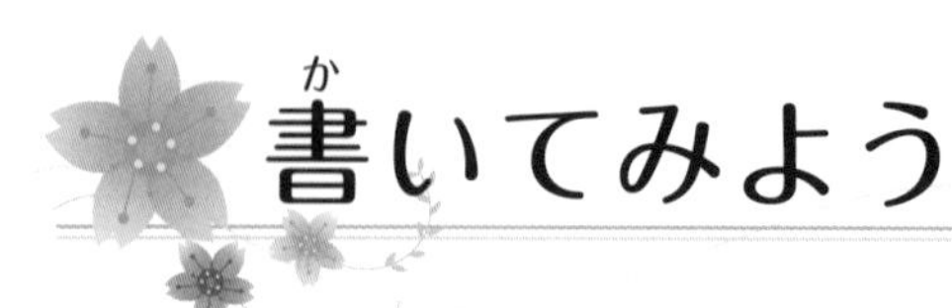

書(か)いてみよう

寫寫看

以下的單字常常用得到，邊寫邊記，把它背下來吧！

1. 高校(こうこう)

こう	こう	こう	こう				
高	校	高	校				

2. 大学(だいがく)

だい	がく	だい	がく				
大	学	大	学				

3. 教室(きょうしつ)

きょう	しつ	きょう	しつ				
教	室	教	室				

4. ロボット

ロ	ボ	ッ	ト				
ロ	ボ	ッ	ト				

5. 環境（かんきょう）

かん	きょう	かん	きょう				
環	境	環	境				

6. 神社（じんじゃ）

じん	じゃ	じん	じゃ				
神	社	神	社				

7. 海（うみ）

うみ	うみ		
海	海		

8. 山（やま）

やま	やま		
山	山		

9. さくら

さ	く	ら			
さ	く	ら			

10. 日本一（にほんいち）

に	ほん	いち			
日	本	一			
に	ほん	いち			
日	本	一			

11. ダンス部（ぶ）

			ぶ
ダ	ン	ス	部

			ぶ
ダ	ン	ス	部

12. 野球部（やきゅうぶ）

や	きゅう	ぶ
野	球	部

や	きゅう	ぶ
野	球	部

13. キャンパス

キ	ャ	ン	パ	ス

キ	ャ	ン	パ	ス

14. 新（あたら）しい

あたら		
新	し	い

あたら		
新	し	い

15. 有名（ゆうめい）

ゆう	めい	ゆう	めい				
有	名	有	名				

16. 寒（さむ）そう

さむ					
寒	そ	う			
さむ					
寒	そ	う			

17. 楽（たの）しそう

たの							
楽	し	そ	う				
たの							
楽	し	そ	う				

18. どこ・どう・どんな～

ど	こ	・	ど	う	・	ど	ん	な
ど	こ	・	ど	う	・	ど	ん	な

Unit 2 クラブ活動（かつどう）

書（か）いてみよう

寫寫看

以下的單字常常用得到，邊寫邊記，把它背下來吧！

1. クラブ活動（かつどう）

			かつ	どう
ク	ラ	ブ	活	動
			かつ	どう
ク	ラ	ブ	活	動

2. 音楽（おんがく）ホール

おん	がく			
音	楽	ホ	ー	ル
おん	がく			
音	楽	ホ	ー	ル

3. 試合（しあい）

し	あい	し	あい				
試	合	試	合				

4. コンクール

コ	ン	ク	ー	ル					
コ	ン	ク	ー	ル					

5. 毎年（まいとし）

まい	とし	まい	とし				
毎	年	毎	年				

6. 部員（ぶいん）

ぶ	いん	ぶ	いん				
部	員	部	員				

7. 部活（ぶかつ）

ぶ	かつ	ぶ	かつ				
部	活	部	活				

8. 最優秀賞（さいゆうしゅうしょう）

さい	ゆう	しゅう	しょう				
最	優	秀	賞				
さい	ゆう	しゅう	しょう				
最	優	秀	賞				

9. 作品（さくひん）

さく	ひん
作	品

さく	ひん
作	品

10. ゆかた

ゆ	か	た
ゆ	か	た

11. お菓子（かし）

	か	し
お	菓	子
	か	し
お	菓	子

12. すてきな

す	て	き	な
す	て	き	な

13. 週（しゅう）に一回（いっかい）

しゅう		いっ	かい
週	に	一	回
しゅう		いっ	かい
週	に	一	回

14. 練習（れんしゅう）する

れん	しゅう		
練	習	す	る

れん	しゅう		
練	習	す	る

15. 緊張（きんちょう）する

きん	ちょう		
緊	張	す	る

きん	ちょう		
緊	張	す	る

Unit 3 がっこうせいかつ 学校生活

か 書いてみよう

寫寫看

以下的單字常常用得到，邊寫邊記，把它背下來吧！

1. じかんわり 時間割

じ	かん	わり
時	間	割
じ	かん	わり
時	間	割

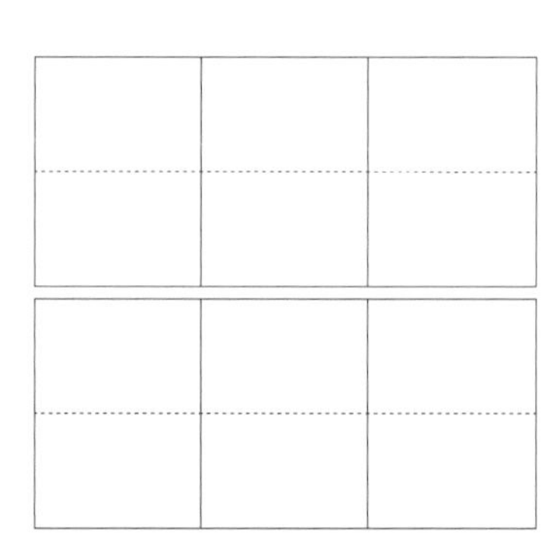

2. ちょうかい 朝会

ちょう	かい	ちょう	かい				
朝	会	朝	会				

3. すうがく 数学

すう	がく	すう	がく				
数	学	数	学				

4. えいご 英語

えい	ご	えい	ご
英	語	英	語

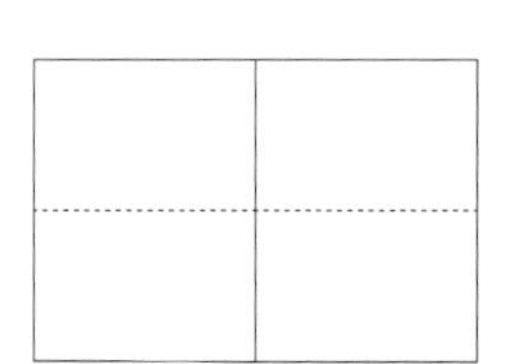

5. 国語（こくご）

こく	ご
国	語

こく	ご
国	語

6. 休み（やす）

やす	
休	み

やす	
休	み

7. 放課後（ほうかご）

ほう	か	ご
放	課	後

ほう	か	ご
放	課	後

8. 月曜日（げつようび）

げつ	よう	び
月	曜	日

げつ	よう	び
月	曜	日

9. 火曜日（かようび）

か	よう	び
火	曜	日

か	よう	び
火	曜	日

すいようび
10. 水曜日

すい	よう	び
水	曜	日
すい	よう	び
水	曜	日

もくようび
11. 木曜日

もく	よう	び
木	曜	日
もく	よう	び
木	曜	日

きんようび
12. 金曜日

きん	よう	び
金	曜	日
きん	よう	び
金	曜	日

どようび
13. 土曜日

ど	よう	び
土	曜	日
ど	よう	び
土	曜	日

14. 日曜日（にちようび）

にち	よう	び
日	曜	日
にち	よう	び
日	曜	日

15. テスト

テ	ス	ト
テ	ス	ト

16. 簡単（かんたん）

かん	たん	かん	たん
簡	単	簡	単

17. 最高（さいこう）

さい	こう	さい	こう
最	高	最	高

18. 遅い（おそい）

おそ		おそ	
遅	い	遅	い

19. 早い（はやい）

はや		はや	
早	い	早	い

20. 長(なが)い

なが	
長	い

なが	
長	い

21. 短(みじか)い

みじか	
短	い

みじか	
短	い

22. 暑(あつ)い

あつ	
暑	い

あつ	
暑	い

23. 楽(たの)しい

たの		
楽	し	い

たの		
楽	し	い

24. 難(むずか)しい

むずか		
難	し	い

むずか		
難	し	い

25. なぜ

な	ぜ

な	ぜ

26. どうして

ど	う	し	て
ど	う	し	て

27. どちら

ど	ち	ら
ど	ち	ら

28. 授業(じゅぎょう)が始(はじ)まる

じゅ	ぎょう		はじ		
授	業	が	始	ま	る
じゅ	ぎょう		はじ		
授	業	が	始	ま	る

29. 授業(じゅぎょう)が終(お)わる

じゅ	ぎょう		お		
授	業	が	終	わ	る

じゅ	ぎょう		お		
授	業	が	終	わ	る

30. 疲(つか)れる

つか		
疲	れ	る

つか		
疲	れ	る

Unit 4 がっこうあんない 学校案内

書（か）いてみよう

寫寫看

以下的單字常常用得到，邊寫邊記，把它背下來吧！

1. 図書館（としょかん）

と	しょ	かん
図	書	館
と	しょ	かん
図	書	館

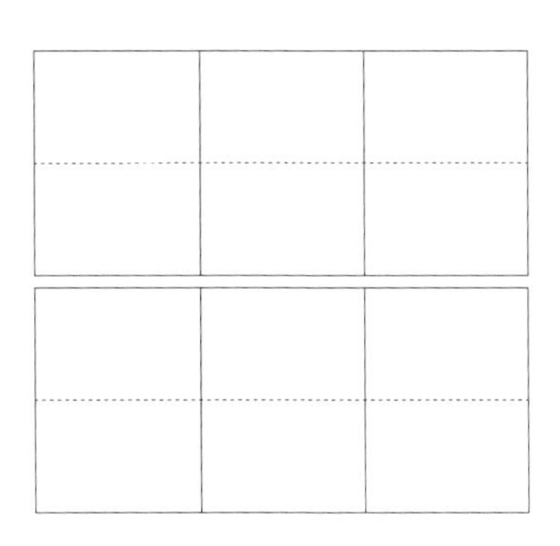

2. 教室（きょうしつ）

きょう	しつ	きょう	しつ
教	室	教	室

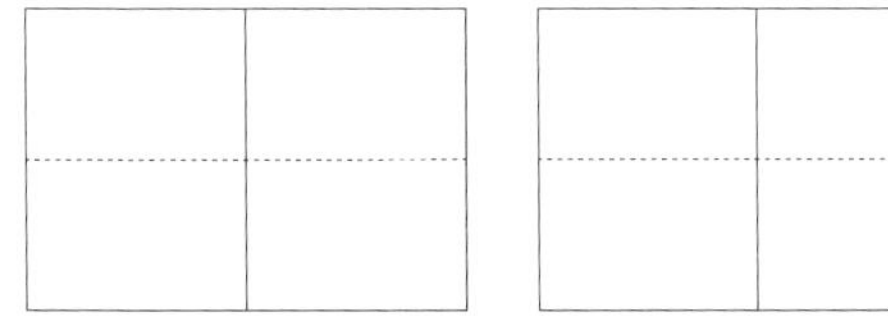

3. 廊下（ろうか）

ろう	か	ろう	か
廊	下	廊	下

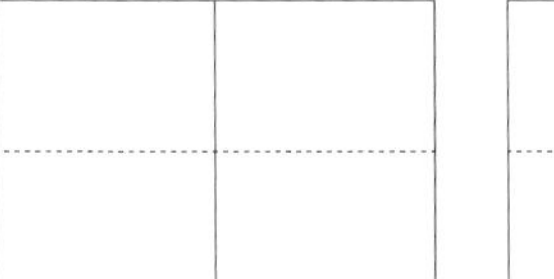

4. お手洗（てあら）い

	て	あら	
お	手	洗	い

	て	あら	
お	手	洗	い

5. 体育館（たいいくかん）

たい	いく	かん
体	育	館
たい	いく	かん
体	育	館

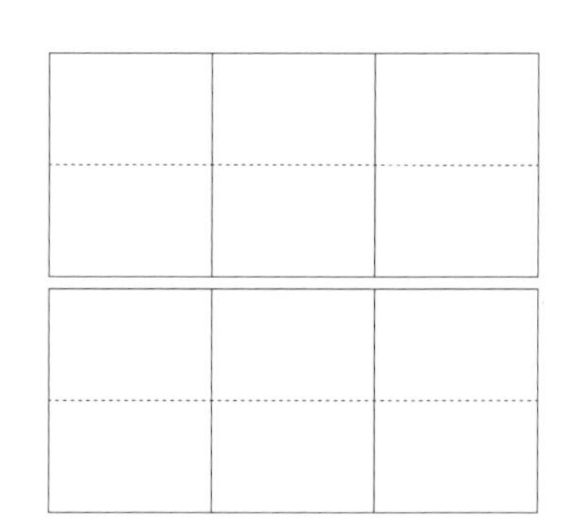

6. グラウンド

グ	ラ	ウ	ン	ド
グ	ラ	ウ	ン	ド

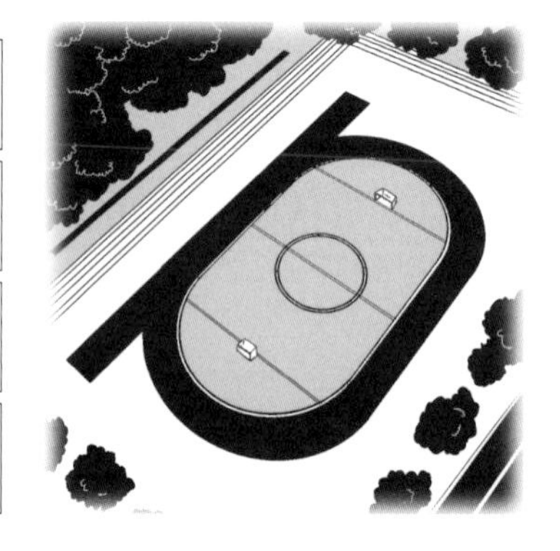

7. 講堂（こうどう）

こう	どう
講	堂

こう	どう
講	堂

8. 購買部（こうばいぶ）

こう	ばい	ぶ
購	買	部
こう	ばい	ぶ
購	買	部

9. 保健室（ほけんしつ）

ほ	けん	しつ
保	健	室
ほ	けん	しつ
保	健	室

10. 食堂（しょくどう）

しょく	どう	しょく	どう
食	堂	食	堂

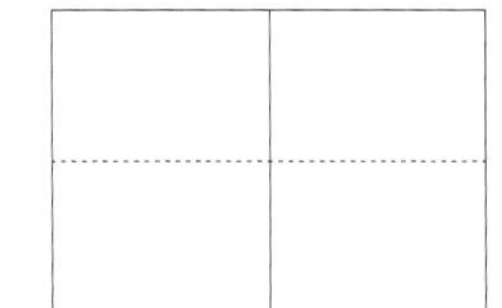

11. コンピューター室（しつ）

							しつ
コ	ン	ピ	ュ	ー	タ	ー	室
							しつ
コ	ン	ピ	ュ	ー	タ	ー	室

12. 校門（こうもん）

こう	もん	こう	もん
校	門	校	門

13. 駐車場（ちゅうしゃじょう）

ちゅう	しゃ	じょう
駐	車	場
ちゅう	しゃ	じょう
駐	車	場

14. 給食（きゅうしょく）

きゅう	しょく
給	食
きゅう	しょく
給	食

15. お弁当（べんとう）

	べん	とう
お	弁	当
	べん	とう
お	弁	当

16. コンテスト

コ	ン	テ	ス	ト
コ	ン	テ	ス	ト

17. 食べる（た）

た		
食	べ	る
た		
食	べ	る

Unit 5 台湾(たいわん)の料理(りょうり)

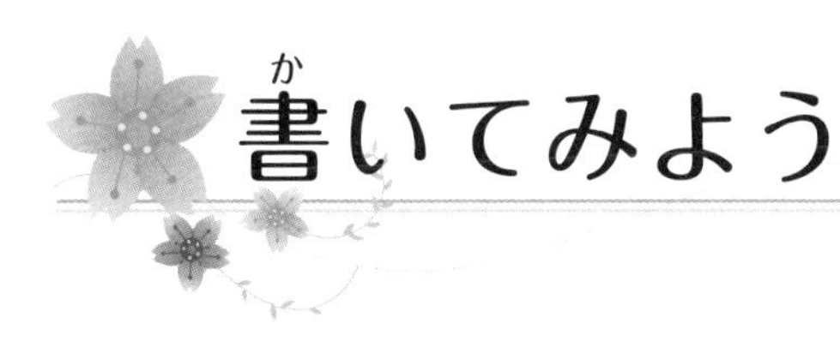

書(か)いてみよう

寫寫看

以下的單字常常用得到，邊寫邊記，把它背下來吧！

1. デザート

デ	ザ	ー	ト
デ	ザ	ー	ト

2. タピオカミルクティー

タ	ピ	オ	カ	ミ	ル	ク	テ	ィ	ー
タ	ピ	オ	カ	ミ	ル	ク	テ	ィ	ー

3. フライドチキン

フ	ラ	イ	ド	チ	キ	ン
フ	ラ	イ	ド	チ	キ	ン

4. しょっぱい

し	ょ	っ	ぱ	い
し	ょ	っ	ぱ	い

ちゅう か りょう り
5. 中華料理

ちゅう	か	りょう	り
中	華	料	理
ちゅう	か	りょう	り
中	華	料	理

に ほん りょう り
6. 日本料理

に	ほん	りょう	り
日	本	料	理
に	ほん	りょう	り
日	本	料	理

なに りょう り
7. 何料理

なに	りょう	り
何	料	理
なに	りょう	り
何	料	理

よ いち
8. 夜市

よ	いち
夜	市
よ	いち
夜	市

9. 屋台（やたい）

や	たい
屋	台

や	たい
屋	台

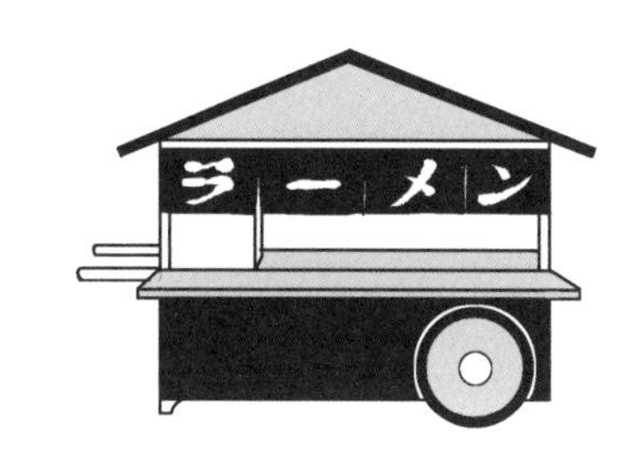

10. ゼリー

ゼ	リ	ー
ゼ	リ	ー

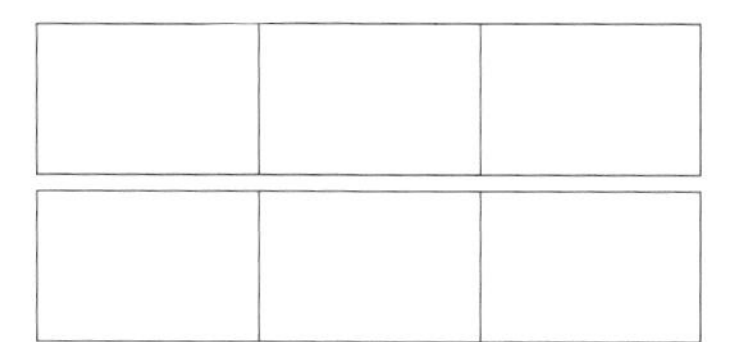

11. 小籠包（ショウロンポウ）

ショウ	ロン	ポウ
小	籠	包

ショウ	ロン	ポウ
小	籠	包

12. 牛肉麺（ぎゅうにくめん）

ぎゅう	にく	めん
牛	肉	麺

ぎゅう	にく	めん
牛	肉	麺

13. 臭豆腐（しゅうどうふ）

しゅう	どう	ふ
臭	豆	腐
しゅう	どう	ふ
臭	豆	腐

14. ビーフン

ビ	ー	フ	ン
ビ	ー	フ	ン

15. チャーハン

チ	ャ	ー	ハ	ン
チ	ャ	ー	ハ	ン

16. 作り方（つくりかた）

つく		かた
作	り	方
つく		かた
作	り	方

17. 辛い（からい）

から	
辛	い

から	
辛	い

18. 甘(あま)い

あま		あま					
甘	い	甘	い				

19. 濃(こ)い

こ		こ					
濃	い	濃	い				

20. 薄(うす)い

うす		うす					
薄	い	薄	い				

Unit 6 交流会（こうりゅうかい）

書（か）いてみよう

寫寫看

以下的單字常常用得到，邊寫邊記，把它背下來吧！

1. 苗字（みょうじ）

みょう	じ	みょう	じ				
苗	字	苗	字				

2. 名前（なまえ）

な	まえ	な	まえ		
名	前	名	前		

3. 写真（しゃしん）

しゃ	しん	しゃ	しん
写	真	写	真

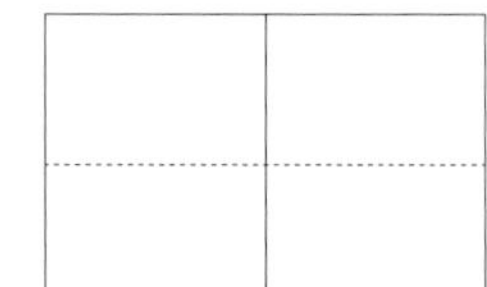

4. 中国語（ちゅうごくご）

ちゅう	ごく	ご			
中	国	語			
ちゅう	ごく	ご			
中	国	語			

5. 読み方（よみかた）

よ		かた
読	み	方

よ		かた
読	み	方

6. 父（ちち）【お父（とう）さん】

ちち
父

ちち
父

	とう		
お	父	さ	ん

	とう		
お	父	さ	ん

7. 母（はは）【お母（かあ）さん】

はは
母

はは
母

	かあ		
お	母	さ	ん

	かあ		
お	母	さ	ん

8. 兄弟（きょうだい）

きょう	だい	きょう	だい				
兄	弟	兄	弟				

9. 姉妹（しまい）

し	まい	し	まい				
姉	妹	姉	妹				

10. 兄（あに）【お兄（にい）さん】

あに	あに		
兄	兄		

	にい						
お	兄	さ	ん				
	にい						
お	兄	さ	ん				

11. 姉（あね）【お姉（ねえ）さん】

あね	あね		
姉	姉		

	ねえ						
お	姉	さ	ん				
	ねえ						
お	姉	さ	ん				

12. 妹（いもうと）【妹（いもうと）さん】

いもうと	いもうと		
妹	妹		

いもうと					
妹	さ	ん			
いもうと					
妹	さ	ん			

13. 弟（おとうと）【弟（おとうと）さん】

おとうと	おとうと		
弟	弟		

おとうと					
弟	さ	ん			
おとうと					
弟	さ	ん			

14. ペット

ペ	ッ	ト			
ペ	ッ	ト			

15. 祖父（そふ）【おじいさん】

そ	ふ
祖	父
そ	ふ
祖	父

お	じ	い	さ	ん
お	じ	い	さ	ん

16. 祖母（そぼ）【おばあさん】

そ	ぼ
祖	母
そ	ぼ
祖	母

お	ば	あ	さ	ん
お	ば	あ	さ	ん

17. お花見（はなみ）

	はな	み
お	花	見
	はな	み
お	花	見

18. 元気（げんき）

げん	き
元	気

げん	き
元	気

19. 頭（あたま）がいい

あたま			
頭	が	い	い

あたま			
頭	が	い	い

20. 厳（きび）しい

きび		
厳	し	い

きび		
厳	し	い

21. どこから来（き）たか

				き		
ど	こ	か	ら	来	た	か

				き		
ど	こ	か	ら	来	た	か

Unit 7

授業体験
（じゅぎょうたいけん）

書いてみよう
（か）

寫寫看

以下的單字常常用得到，邊寫邊記，把它背下來吧！

1. スピーチ

ス	ピ	ー	チ				
ス	ピ	ー	チ				

2. パフォーマンス

パ	フ	ォ	ー	マ	ン	ス
パ	フ	ォ	ー	マ	ン	ス

3. 活動（かつどう）

かつ	どう	かつ	どう				
活	動	活	動				

4. 試合（しあい）

し	あい
試	合

し	あい
試	合

5. ホームステイ

ホ	ー	ム	ス	テ	イ
ホ	ー	ム	ス	テ	イ

6. 手作り（てづくり）

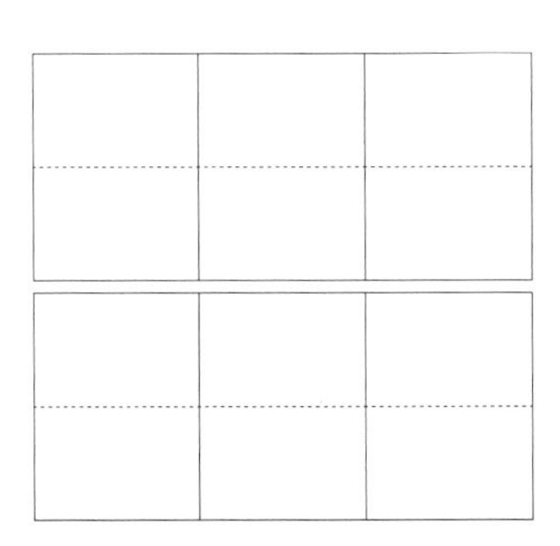

て	づく	
手	作	り
て	づく	
手	作	り

7. クイズ

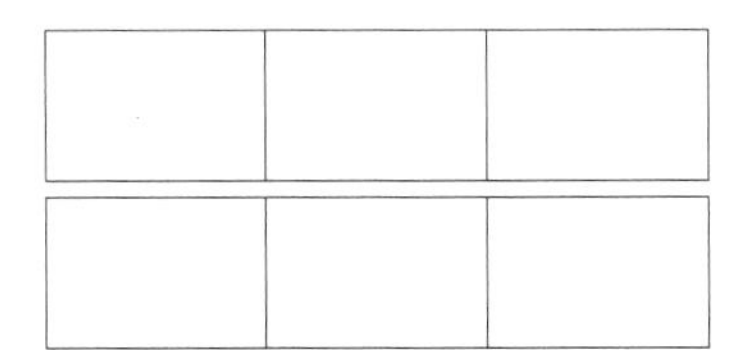

ク	イ	ズ
ク	イ	ズ

8. お祭り（おまつり）

	まつ	
お	祭	り
	まつ	
お	祭	り

9. 見学（けんがく）

けん	がく
見	学

10. プレゼント交換（こうかん）

					こう	かん
プ	レ	ゼ	ン	ト	交	換

11. 連絡（れんらく）

れん	らく
連	絡

12. 漢字（かんじ）

かん	じ
漢	字

13. 書道（しょどう）

しょ	どう
書	道

14. 演奏（えんそう）

えん	そう
演	奏

15. 発表（はっぴょう）

はっ	ぴょう
発	表

16. 端午（たんご）の節句（せっく）

たん	ご		せっ	く
端	午	の	節	句

17. 粽（ちまき）

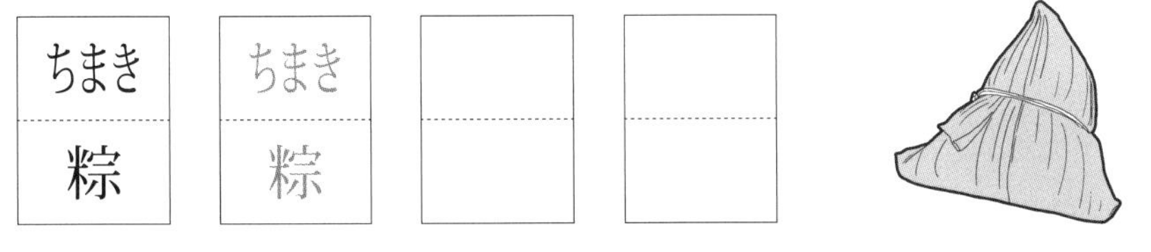

ちまき
粽

18. 正解（せいかい）

せい	かい
正	解

19. コンビニ

コ	ン	ビ	ニ
コ	ン	ビ	ニ

20. 違(ちが)う

ちが	
違	う

ちが	
違	う

21. 喜(よろこ)ぶ

よろこ	
喜	ぶ

よろこ	
喜	ぶ

22. 一緒(いっしょ)に作(つく)りましょう

いっ	しょ		つく					
一	緒	に	作	り	ま	し	ょ	う

いっ	しょ		つく					
一	緒	に	作	り	ま	し	ょ	う

23. ぜひ食(た)べてみてください

ぜ	ひ	食(た)	べ	て	み	て	く	だ	さ	い
ぜ	ひ	食(た)	べ	て	み	て	く	だ	さ	い

24. ようこそ

よ	う	こ	そ
よ	う	こ	そ

Unit 8 連絡(れんらく)しよう

書(か)いてみよう

寫寫看

以下的單字常常用得到，邊寫邊記，把它背下來吧！

1. 皆(みな)さん

みな		
皆	さ	ん
みな		
皆	さ	ん

2. カード

カ	ー	ド
カ	ー	ド

3. 年賀状(ねんがじょう)

ねん	が	じょう
年	賀	状
ねん	が	じょう
年	賀	状

4.LINE (ライン)

ライン LINE	ライン LINE		

5. グループ

グ	ル	ー	プ				
グ	ル	ー	プ				

6. S N S (エスエヌエス)

エス S	エヌ N	エス S			
エス S	エヌ N	エス S			

7. Skype (スカイプ)

スカイプ Skype	スカイプ Skype		

8.Skype 会議 (スカイプ かいぎ)

スカイプ Skype	かい 会	ぎ 議			
スカイプ Skype	かい 会	ぎ 議			

えんかくじゅぎょう
9. 遠隔授業

えん	かく	じゅ	ぎょう
遠	隔	授	業
えん	かく	じゅ	ぎょう
遠	隔	授	業

ひさ
10. 久しぶり

ひさ			
久	し	ぶ	り
ひさ			
久	し	ぶ	り

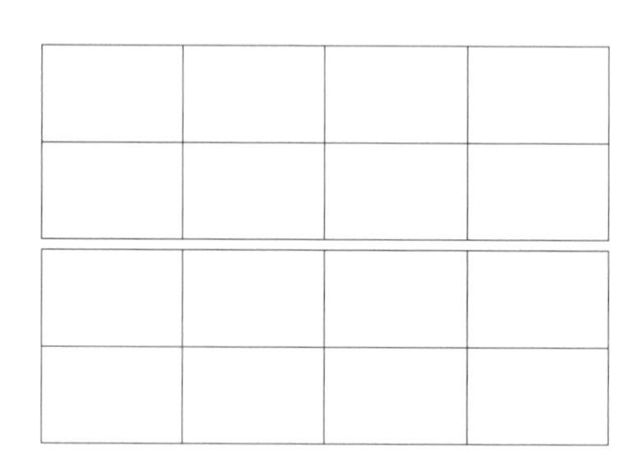

こうりゅうかい
11. 交流会

こう	りゅう	かい
交	流	会
こう	りゅう	かい
交	流	会

たんじょうび
12. 誕生日

たん	じょう	び
誕	生	日
たん	じょう	び
誕	生	日

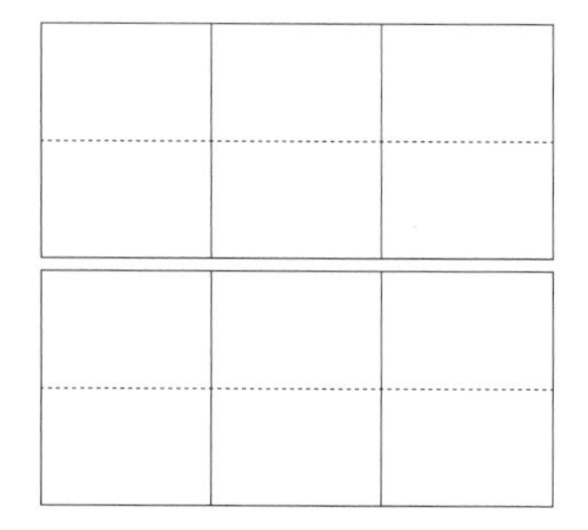

13. また

ま	た	ま	た				

14. 交換（こうかん）しよう

こう	かん			
交	換	し	よ	う
こう	かん			
交	換	し	よ	う

15. 最近（さいきん）

さい	きん	さい	きん				
最	近	最	近				

16. 手紙（てがみ）

て	がみ	て	がみ				
手	紙	手	紙				

17. 見（み）る

み		み					
見	る	見	る				

18. 送（おく）る

おく		おく					
送	る	送	る				

19. 連絡（れんらく）する

れん	らく		
連	絡	す	る

れん	らく		
連	絡	す	る

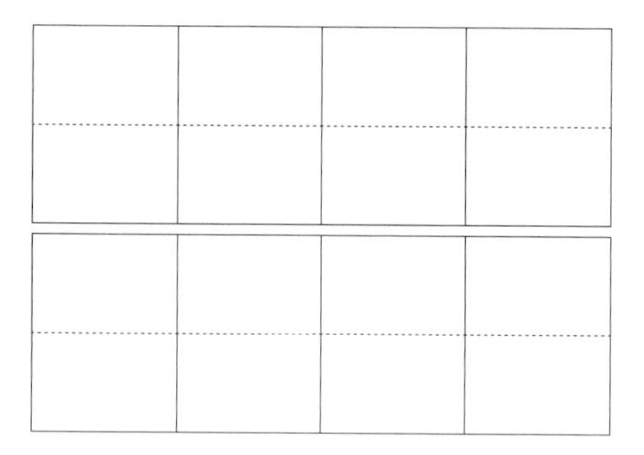

20. 遊（あそ）びに来（き）てください

あそ			き					
遊	び	に	来	て	く	だ	さ	い

あそ			き					
遊	び	に	来	て	く	だ	さ	い

瑞蘭國際

瑞蘭國際